Abc

Einladung zum Selberlesen

Liebe Eltern,

Sie haben Ihrem Kind Bücher vorgelesen? Sehr gut. Sie werden dies auch weiterhin tun? Um so besser. Aber wenn Ihr Kind einmal hinter das Geheimnis der Buchstaben gekommen ist, will es auch selber lesen. Es möchte erleben, wie beim Lesen eine spannende, lustige oder traurige Geschichte in ihm entsteht. Das ist gar nicht so einfach. Es dauert lange, bis ein Kind gut und gern liest.

Was es am Anfang braucht?
Ein ganzes Buch, das zum Lesen verlockt.
Ein Buch, das es beim Lesen nicht überfordert.
Ein Buch
* mit kurzen Geschichten
* mit einer genügend großen Schrift
* mit kurzen, überschaubaren Zeilen
* in einer verständlichen Sprache
* mit Bildern, die helfen den Sinn zu erfassen.

Bücher, die diesen Anforderungen gerecht werden, fördern das Abenteuer Lesen und machen Lust aufs nächste Buch.

Prof. Dr. Manfred Wespel,
lesedidaktischer Berater des
KÄNGURU-Programms

Cordula Tollmien

Kleine Gutenachtgeschichten

Mit Bildern von Jutta Garbert

arsEdition

Die Deutsche Bibliothek – CIP-Einheitsaufnahme

Kleine Gutenachtgeschichten / Cordula Tollmien.
Mit Bildern von Jutta Garbert. - 1. Aufl. - München : Ars-Ed., 1998
(Känguru)
ISBN 3-7607-3760-9

Lesedidaktische Beratung: Prof. Dr. Manfred Wespel
Nach den Regeln der neuen Rechtschreibung

Gedruckt auf umweltfreundlichem Papier ohne Chlorbleiche

02 01 00 99 98 5 4 3 2 1

Ausstattung und Herstellung: arsEdition, München
Titelbild und Innenillustrationen: Jutta Garbert
Titelvignette: Carola Holland
Einbandgestaltung: Ralph Bittner
Printed in Germany
ISBN 3-7607-3760-9

Inhalt

Der Mondhund

Heute ist Vollmond.
Benni sitzt
vor dem Fenster
und heult den Mond an.

„Hör auf, Benni“,
ruft Niklas,
„ich kann nicht schlafen!“
Doch Benni heult weiter.

Mama kommt ins Zimmer.
„Ich sperre den Hund
in den Flur“,
sagt sie.
„Da gibt es kein Fenster.“

„Nein“, schreit Niklas.
„Nein, Mama, bitte nicht.
Benni hat Angst
im Dunkeln.“
Mama seufzt.

„Im Flur heult
Benni bestimmt auch“,
sagt Niklas noch.
„Weil er zu mir will.“

„Na gut“, antwortet Mama,
„dann bleibt Benni eben hier.
Aber du musst schlafen.“
Niklas nickt.
Mama geht,
Benni heult weiter.

Niklas hält sich die Ohren zu.
Aber das nützt nichts.
Er hört Benni trotzdem heulen.
Niklas ist hundemüde.
Aber Benni
lässt ihn
nicht schlafen.

Da hat Niklas eine Idee.
Er springt aus dem Bett
und setzt sich neben Benni
auf den Boden.

Der Mond steht
groß und gelb am Himmel.
Benni heult –
und Niklas heult auch.

Benni stellt die Ohren auf
und hört auf zu heulen.
Ein Mensch,
der den Mond anheult!
Das ist ja auch
wirklich merkwürdig.

Niklas lacht
und krault Benni
hinter den Ohren.
„Hat es dir die Sprache
verschlagen?“, fragt er.
Benni wedelt mit dem Schwanz.

Später kommt Mama
noch einmal ins Zimmer.
Da liegen Niklas und Benni
eng aneinander gekuschelt
auf dem Boden und schlafen.

Gute Freunde

Früher hatte Maik
immer Angst
im Dunkeln.
Aber eines Tages darf Billi
bei ihm übernachten.

Billi findet
es schön im Dunkeln.

„Wegen der Schatten“,
sagt sie.
„Das sind meine Freunde.
Zu Hause, in meinem Zimmer,
habe ich
einen ganz dicken Schatten.
Einen Mann.

Der sitzt neben dem Schrank.
Das Licht von der Straße
scheint in mein Zimmer.
Deshalb sitzt er da“,
erklärt sie Maik.

„Und der dicke Mann passt
auf mich auf,
während ich schlafe.
Wenn ich nicht schlafen kann,
singe ich ihm etwas vor.“

„Ehrlich?“, fragt Maik.
„Klar doch“, antwortet Billi.

„Wusstest du denn nicht,
dass die Schatten
über unseren Schlaf wachen?“

Maik wusste es nicht.
Aber Billi ist sich ganz sicher.
Sie weiß das von ihrem Opa.

„Meinst du,
es gibt auch einen Schatten,
der auf mich aufpasst?“,
fragt Maik.
„Klar“, antwortet Billi.

Maik setzt sich auf
und sieht sich um.
Das hat er sich früher
nie getraut im Dunkeln.

„Guck mal,
da neben der Tür“,
sagt er ganz aufgeregt.
„Da ist ein Schatten.“

„Prima“, antwortet Billi.
„Ich wusste es doch.“
Maik sieht sich
seinen Schatten genau an.

„Du“, sagt er dann,
„ich glaube,
mein Schatten ist eine Frau.
Die hat einen Busen.“

„Schön“, murmelt Billi.
Sie schläft schon halb.
Maik legt sich wieder hin.
Er guckt noch einmal
zu seiner Schattenfrau.
Dann macht er die Augen zu.

Der beste Platz zum Schlafen

Tom, der Kater,
sucht einen Platz zum Schlafen.
Trocken soll der Platz sein,
warm und gemütlich.
Und nicht zu ruhig.

Tom hat es gern,
wenn er es ein wenig
rascheln hört.

Dann weiß er,
dass er nicht allein ist.

Zuerst läuft Tom
in den Keller.
Warm ist es da.
Denn dort steht die Heizung.

Die Heizung rumpelt vor sich hin.
Das ist ganz gemütlich.
Doch plötzlich stößt sie
einen hohen,
schrillen Ton aus.
Der tut in den Ohren weh.

Das ist kein guter Platz
zum Schlafen.

Tom läuft in den Garten.
Dort legt er sich
unter einen Strauch.
Ruhig ist es hier.
Und die Erde riecht gut.

Tom ist fast eingeschlafen,
da fängt es an zu regnen.

Auch kein guter Platz
zum Schlafen.

Tom schleicht
zum Hühnerstall.

Glück gehabt.
Die Klappe ist offen.
Lautlos schlüpft
er hindurch.

Die Hühner gackern leise.
Sie haben ihn gehört.
Sie wissen, was Tom vorhat.
Er will in einem
ihrer Nester schlafen.

Aber das stört
die Hühner nicht.
Nicht in der Nacht.

Sie brauchen ihre Nester
nur am Tag,
wenn sie Eier legen.

Nachts schlafen sie
auf den Hühnerstangen.

Tom rollt sich zusammen.
Er ist zufrieden.

Es ist warm und gemütlich
und die Hühner
glucksen im Schlaf
leise vor sich hin.
Es klingt wie Musik.
Genau richtig zum Einschlafen.

Ruhig und friedlich

Jonas schiebt
das Boot ins Wasser.

„Warte, ich komme mit“,
ruft Marie.
Sie springt hinter Jonas
ins Boot und paddelt los.
Immer im Takt mit Jonas.

Aber dann will Marie
Jonas ein bisschen ärgern.
Sie stößt ihr Paddel
bei voller Fahrt
ins Wasser
und hält es fest.
Das Boot stoppt
und dreht sich.

„Spinnst du?“,
schreit Jonas.
Marie lacht.

Jonas nimmt sein Paddel
und spritzt Marie nass.
Marie spritzt zurück.
Dabei beugt sie sich
weit aus dem Boot.
Das Boot schwankt.

Jonas dreht sich um.
Das Boot schwankt noch mehr.
Wasser schwappt herein.
„Hilfe!“, schreit Marie.
„Wir kippen um.“

Das Boot kippt nicht um.
Aber beide haben
einen Schreck bekommen.

Jonas streckt
Marie eine Hand hin.
„Frieden?“, fragt er.
Marie nickt: „Frieden!“

Sie legt das Paddel weg
und lehnt sich zurück.
Auch Jonas legt seinen Kopf
auf den Bootsrand.
So sehen sie beide
in den Himmel
und beobachten die Wolken.

Das Boot schaukelt leicht.
Die Wellen plätschern leise.
Marie lässt eine Hand
ins Wasser hängen.

Sie fühlt, wie das Wasser
ihre Finger umspielt.
Jonas summt ein Lied.
Es ist wirklich ganz ruhig
und friedlich.

»Kinderroman« und »Krimi-Abenteuer«

5. Lesestufe ab 10 Jahre

- jeweils ein längerer packender Roman für begeisterte »Leseprofis«
- eingestreute Schwarzweiß-Illustrationen

»Leseabenteuer in Farbe«

4. Lesestufe ab 8 Jahre

- jeweils eine längere spannende Geschichte
- viele farbige Illustrationen
- große Schrift

»Erste Geschichten zum Selberlesen«

3. Lesestufe ab 7 Jahre

- mehrere kurze Geschichten zu einem Thema
- klare Textgliederung als Lesehilfe
- große Fibelschrift
- viele farbige Illustrationen

Alle hier gezeigten

Bücher nach

NEUER RECHTSCHREIBUNG!

Gefunden

„Mama, guck mal,
ich habe einen Fisch
gefunden!“,
ruft Jenny schon im Flur.

„Fische kann man nicht
finden“, antwortet Mama.
Sie sitzt am Schreibtisch.

„Doch“, sagt Jenny,
„er lag auf einer Bank.“
„Dann ist er tot“, sagt Mama.

„Ist er nicht!“,
widerspricht Jenny.

Jetzt dreht sich
Mama endlich um.
„Ach so“, lacht sie,
als sie sieht,
was Jenny in der Hand hat.
„Zeig mal her.“

Jenny gibt Mama
die Plastiktüte,
die sie gefunden hat.
In der Tüte ist Wasser und
darin schwimmt ein Goldfisch.

„Wie kann man so etwas
nur verlieren!“,
wundert sich Mama.
„Wo können wir ihn reintun?“,
überlegt sie dann.

„In die Salatschüssel“,
schlägt Jenny vor.
„Die ist doch aus Glas.“

Mama lacht.
„Na gut“, sagt sie.

Die Schüssel mit dem
Goldfisch steht
auf dem kleinen Tisch
neben Jennys Bett.

Mama kommt zum
Gute-Nacht-Sagen.

„Meinst du, es gefällt
ihm hier?“, fragt Jenny.
„Ich weiß nicht“,
antwortet Mama.

„Er langweilt sich bestimmt
in der kleinen Schüssel“,
sorgt sich Jenny.
„Wir haben nichts Besseres“,
sagt Mama.

„Ich habs“, sagt Jenny
und ihre Augen leuchten.
„Ich suche ihm einen Teich.
Ich finde bestimmt einen.
Wenn ich sogar
einen Fisch finden kann!“

„Bestimmt", antwortet Mama.
„Aber erst morgen!
Jetzt wird geschlafen."
Sie deckt Jenny zu
und gibt ihr einen Kuss.

KÄNGURU Lesestufen-Modell

So macht Lesenlernen richtig Spaß – mit Büchern, die auf die unterschiedlichen Lernphasen zugeschnitten sind: 5 Lernschritte, 5 Buch-Reihen. »Kinder werden dann zu begeisterten Lesern, wenn Buch und Leseentwicklung zusammenpassen.«

Prof. Dr. Manfred Wespel, lesedidaktischer Berater des KÄNGURU-Programms

»Mit Comics lesen lernen«

2. Lesestufe ab 6 Jahre

- jeweils eine kurze Geschichte für Leseanfänger
- mit frechen und witzigen Comic-Elementen
- leicht lesbare Fibelschrift

»Mit Bildern lesen lernen«

1. Lesestufe ab 5 Jahre

- kurze lustige Geschichten mit einfachem Text
- Bilder ersetzen Namenwörter
- sehr große Fibelschrift
- fünf doppelseitige Suchbilder